DAS BUDDENBROOKHAUS

mit Fotos von Thomas Radbruch
und Texten von Hans Wißkirchen

Verlag Die Hanse

Umschlaggestaltung: arthos, Hamburg
unter Verwendung eines Fotos von Thomas Radbruch
Herstellung: Das Herstellungsbüro, Hamburg
Satz und Gestaltung: arthos, Hamburg
Litho: Profi Repro, Lübeck
Druck und Bindung: Clausen & Bosse, Leck
Printed in Germany
ISBN 3-434-52577-7

INHALT

Das Buddenbrookhaus, Rückansicht mit St. Marien-Kirche

ANKOMMEN IM BUDDENBROOKHAUS

Ein graues Giebelhaus in der Mengstraße 4 ist ohne Zweifel eine der meistfotografierten Fassaden der Hansestadt Lübeck. Sicher führen viele Lübeck-Touristen ein Foto der Fassade des Buddenbrookhauses mit, wenn sie die Heimreise antreten. Das vorliegende Buch macht ganz bewusst eine andere Annäherung an das berühmte Haus – und zwar in einem doppelten Sinne. Zum einen wird es in den städtebaulichen Kontext gestellt: Man sieht die gar nicht so schöne Umgebung, die auch zur Geschichte des Hauses dazugehört. Der Blick von hinten zeigt ein anderes Gesicht des Hauses. Und dann geschieht die erste Annäherung bei Nacht. Das mag verwundern, aber es ist die poetische Qualität der Nacht, die für uns den Ausschlag für den etwas anderen Beginn gegeben hat. Jeder kennt das Gefühl, dass in der Dunkelheit die Dinge oft anders aussehen, einen ganz eigenen, fast traumhaften Charakter bekommen. So mag es manchem Betrachter bei den ersten Fotos von Thomas Radbruch gehen. Und dieses Gefühl wäre dann dem Buddenbrookhaus gegenüber vollkommen angemessen. Dies hat seinen tiefen Grund darin, dass der Rang des Hauses eben nicht auf der reinen Äußerlichkeit, der „Schönheit" von Fassade und Interieur gründet, sondern auf seiner weltliterarischen Bedeutung. Thomas Mann wusste das schon 1905. Vier Jahre nach dem Erscheinen von *Buddenbrooks* schrieb er: „Wenn ich als Lübecker und Angehöriger einer lübeckischen Familie sprechen soll, so kann ich sagen: Ich habe zu Ehren meiner Vaterstadt und meiner Familie auf meine Art ebenso viel getan wie mein Vater, der vielleicht in Lübeck noch nicht vergessen ist, auf seine Art getan hat. Ich habe in hunderttausend Deutschen Teilnahme für lübeckisches Leben und Wesen geweckt, ich habe die Augen von hunderttausend Menschen auf das alte Giebelhaus in der Mengstraße gelenkt, habe gemacht, daß hunderttausend Menschen es als eine interessante Lebenserinnerung betrachten würden, wenn sie Gelegenheit hätten, die Urbilder der in meinem Buche wandelnden Gestalten persönlich kennenzulernen, und es ist gar nicht ausgeschlossen, daß man in Deutschland an diesen Gestalten noch seine Freude haben wird zu einer Zeit, wenn wir alle, die Urbilder und ich selbst, längst nicht mehr zu den Lebenden gehören."[1]

Thomas Manns Botschaft lautet: Das Buddenbrookhaus hat keine primär biografisch begründete Aura, sondern eine literarische. Nicht die in ihm lebenden Personen interessieren, sondern die vom Autor im Roman *Buddenbrooks* erfundenen Figuren. Thomas, Tony und Christian Buddenbrook sowie all die anderen Romanfiguren sind unsterbliche „Gestalten" geworden, die im Geiste von Millionen Lesern noch weiterleben. Und sie sind es, die das Buddenbrookhaus heute für Besucher aus aller Welt zum lohnenden Ziel machen.

Natürlich gibt es biografische Bezüge: Thomas und Heinrich Mann gingen hier als kleine Jungen ein und aus, weil die Großeltern hier lebten, die Mengstraße 4 der Familienstammsitz in Lübeck war. Aber 1891 - nach dem Tod des Vaters - wurde das Haus verkauft, und schon 1894 zog Thomas Mann der Mutter nach München nach. Er war damals 18 Jahre alt, ein gescheiterter Schüler, der gerade nach mehrmaligem Anlauf die mittlere Reife geschafft hatte. Die Familie hatte jeden Einfluss in Lübeck verloren. Die Häuser, die Speicher, die Schiffe - alles, was zur Firma gehörte, war verkauft

Das Buddenbrookhaus, Frontansicht

Eingangstür

worden. Geblieben ist der literarische Ruhm des *Buddenbrook*-Romans. Es wäre daher gut möglich, dass die poetischen Gefühle der Besucher sich mit dem vergleichen ließen, was Thomas Buddenbrook beim Anblick der nächtlichen Fassade des Hauses empfindet: „Konsul Buddenbrook stand, die Hände in den Taschen seines hellen Beinkleides vergraben, in seinem Tuchrock ein wenig fröstelnd, ein paar Schritte vor der Haustür und lauschte den Schritten, die in den menschenleeren, nassen und matt beleuchteten Straßen verhallten. Dann wandte er sich und blickte an der grauen Giebelfaçade des Hauses empor. Seine Augen verweilten auf dem Spruch, der überm Eingang in altertümlichen Lettern gemeißelt stand: ‚Dominus providebit.' Während er den Kopf ein wenig senkte, trat er ein und verschloß sorgfältig die schwerfällig knarrende Haustür. Dann ließ er die Windfangtüre ins Schloß schnappen und schritt langsam über die hallende Diele."[2]

Wer heute durch die Tür in die Diele tritt, wird eine ganz moderne Architektur sehen. Nur die Gotlandfliesen auf dem Boden erinnern an das „historische" Buddenbrookhaus. Es sind die Folgen des Zweiten Weltkrieges, die hier sichtbar werden. Durch den Brandbombenangriff der britischen Luftwaffe in der Nacht des Palmsonntag 1942 wurde auch das Haus in der Mengstraße 4 ein Opfer des Infernos, das große Teile der historischen Altstadt und drei der großen Lübecker Stadtkirchen zerstörte. Einzig erhalten blieben die Fassade und der

Das Buddenbrookhaus, Rückansicht mit St. Marien-Kirche

barocke Gewölbekeller. Was da zerstört worden war, hatte aber mit dem Haus Mengstraße 4 zu Zeiten der Familie Mann schon nichts mehr zu tun. Eine Rekonstruktion des Vorhandenen, wie nach dem Krieg mit dem Goethehaus in Frankfurt geschehen, konnte daher nicht das Ziel sein: Weder 1993, als in einem ersten Anlauf auf zwei Etagen das Heinrich- und Thomas-Mann-Zentrum im Buddenbrookhaus eröffnet wurde, noch zum 6. Juni 2000, als das ganze Haus mit zwei neuen Dauerausstellungen nach einem Umbau wieder eröffnet wurde.

Dass diese Zerstörung zur Geschichte des Hauses dazugehört und gerade darum nicht die Mauern das Primäre sind, sondern der spezifische Geist, der sich mit diesem Haus verbindet, das hat Thomas Mann eindrucksvoll im April 1942 deutlich gemacht. Auf die Zerstörung des Buddenbrookhauses angesprochen, sagt er in einer seiner Radiosendungen *Deutsche Hörer:* „Das alte Bürgerhaus, von dem man nun sagt, daß es in Trümmern liege, war mir das Symbol der Überlieferung, aus der ich wirkte. Aber solche Trümmer schrecken nicht denjenigen, der nicht nur aus der Sympathie für die Vergangenheit, sondern auch aus der für die Zukunft lebt. Der Untergang eines Zeitalters braucht nicht der Untergang dessen zu sein, der in ihm wurzelt und der ihm entwuchs, indem er es schilderte.“[3]

PARTERRE

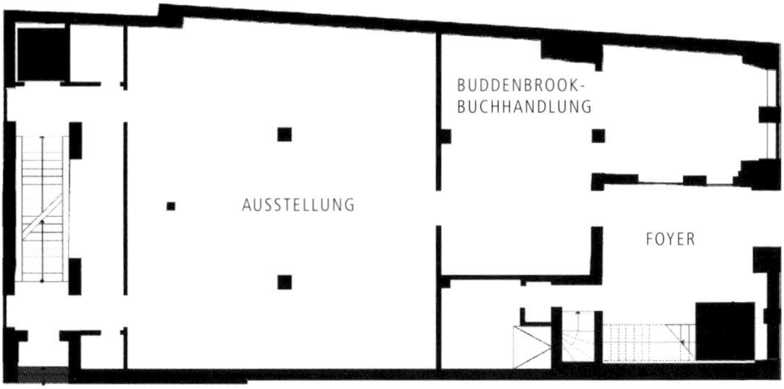

DIE MANNS – EINE SCHRIFTSTELLERFAMILIE

In seiner Äußerung anlässlich der Zerstörung des Buddenbrookhauses weist Thomas Mann auf ein entscheidendes Faktum hin: Der Rang des Hauses resultiert aus der Spiegelung des Biografischen im Literarischen. Er verdankt sich der Tatsache, dass Thomas Mann seine *Buddenbrooks* geschrieben und die Handlung im Hause Mengstraße 4 angesiedelt hat. Und er verdankt sich vor allem der Tatsache, dass dieser Roman und das noch folgende literarische Werk Thomas Manns in die Zukunft weitergewirkt hat - eben immer noch gelesen wird. Das Haus in der Mengstraße ist daher auch, was immer wieder vergessen wird, nach einem Roman benannt. Ein weltweit einmaliger Fall! Und „untergegangen" sind Thomas Mann und seine Familie ganz und gar nicht. Im Gegenteil! Eine „amazing family" hat ein englischer Journalist die Manns in den späten dreißiger Jahren des 20. Jahrhunderts genannt. Schon damals ahnte man, was

Thomas und Heinrich Mann

am Beginn des 21. Jahrhunderts zur Gewissheit geworden ist: In dieser Familie gehen die private Geschichte und die große Geschichte des gerade vergangenen Jahrhunderts eine ganz besondere und intensive Verbindung ein. Geschichte wird hier über das persönliche Schicksal auf eine anschauliche und unmittelbare Weise erlebbar. Das will die Ausstellung im Erdgeschoss des Hauses zeigen. In ihr wird deutlich, dass nirgendwo sonst in einer Familie des 20. Jahrhunderts so viele geniale und talentierte Männer und Frauen ihre Zeit in Worte gefasst haben – und dies mit den unterschiedlichsten künstlerischen Temperamenten. Die Brüder Thomas und Heinrich Mann stehen am Anfang dieser literarischen Traditionslinie. Klaus, Erika, Golo und Elisabeth Mann, Thomas Manns Kinder, haben sie bis in die unmittelbare Gegenwart fortgesetzt. Nicht zuletzt zeigt die Ausstellung auch die Frauen, unter denen Katia, die Ehefrau Thomas Manns, herausragt. Bevor man die Ausstellung „Die Manns – eine Schriftstellerfamilie" betritt, gelangt man in die Buddenbrook-Buchhandlung. Dies ist kein neuer und willkürlicher Einfall, sondern wir greifen damit auf die Tradition des Hauses zurück, denn von 1922 bis 1929 gab es schon einmal die Buddenbrook-Buchhandlung, wurde schon einmal der Versuch unternommen, den literarischen Geist im Haus zu etablieren. Thomas Mann persönlich war bei der Eröffnung anwesend. Die Buchhandlung war geschäftlich kein großer Erfolg, und im Zuge der Weltwirtschaftskrise Ende der zwanziger Jahre musste sie schließen.

Dass der Weg durch die Buchhandlung in die Ausstellung führt, ist kein Zufall. Ziel ist es, zu einer Aufhebung der starren Grenzen zwischen Museumsladen und Ausstellungen zu kommen. Deshalb ist die neue

Die Buchhandlung

Buddenbrook-Buchhandlung von der Gestaltung her der Ausstellung im Erdgeschoss angeglichen. Sie zeichnet sich durch eine Besonderheit aus: Alle lieferbaren Bücher der Familie Mann sind hier erhältlich, ebenso wichtige Sekundärliteratur und auch Merchandising-Artikel mit Niveau, die meistens selbst oder in enger Kooperation mit ausgewählten Partnern entwickelt werden. Und noch etwas ist ganz zentral: Hier soll ein jeder die Möglichkeit haben, vor oder nach einem Museumsbesuch in Büchern von oder über die Familie Mann zu stöbern. Literarische Entdeckungen zu machen, zum Lesen anzuregen - das ist das Ziel dieser Buchhandlung.

Die Ausstellung „Die Manns - eine Schriftstellerfamilie" möchte in sechs Stationen einen ersten Überblick über diese Familie als Ganzes verschaffen. Man muss kein Spezialist sein, um hier etwas zu verstehen, sondern wir wollen jedem einen Zugang zu den Werken der Manns schaffen.

In den Vitrinen sind aufrecht stehende, leicht nach hinten geneigte Glasscheiben als Objektträger angeordnet, so dass der Eindruck einer aufgeschlagenen Buchseite entstehen mag. Die Vitrinen bestehen aus drei grafischen Hauptelementen. Im oberen Bereich ist neben einer Überschrift ein kurzer Text zum jeweiligen Thema zu finden. Hier war die Vorgabe, möglichst knapp und ohne zu viele wertende Elemente einen Überblick über das entsprechende Lebensthema zu geben. Darunter findet sich jeweils eine Foto- und Dokumentengalerie, die bestimmte Themen beispielhaft behandelt. Den Abschluss bildet ein Textblock, der die Informationen auf Englisch und Schwedisch enthält.
Allerdings beschränkt sich die Ausstellung nicht auf das rein Biografische. Natürlich ist auch die Rede von der Literatur! Ein Schichtenmodell aufnehmend, finden Sie in den sechs Lebensstationen der Familie Mann die jeweils in dieser Zeit entstandenen Bücher hinter den Vitrinen vor der Außenwand des Hauses. Man sieht so

Ausstellungsvitrinen

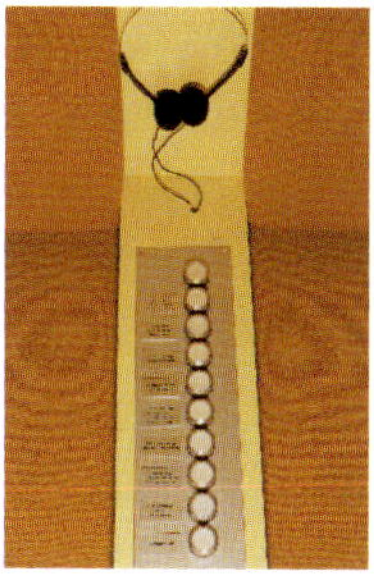

ganz anschaulich, dass die Produktivität dieser Familie ihre guten und ihre schlechten Zeiten hatte. Neben kurzen biografischen Überblickstexten in den einzelnen Stationen findet sich begleitend immer auch ein Nachweis der in dieser Epoche entstandenen literarischen Werke.

Parallel dazu ist ein Film zu sehen, der als Endlosschleife läuft und alle Mitglieder der Familie Mann in verschiedensten Lebenssituationen zeigt. Unter anderem ist die einzige Filmaufnahme von Heinrich Mann und Klaus Mann jeweils zu sehen. Hier wird ganz bewusst ohne Ton gearbeitet: Zum einen, um die Besucher nicht in der Konzentration zu stören, zum anderen, weil die Physiognomie in den Vordergrund treten soll. Aber dieser erste Überblick findet damit nicht sein Ende. Er hätte dann für die Kenner nicht genug zu bieten. Zwei Angebote zur Vertiefung werden in der

Die Manns im Film

Ausstellung gemacht. Zu jeder der sechs Lebensstationen ist ein Lesebuch erstellt worden, das sich in einem speziellen Regal befindet. Darin befinden sich vertiefende Texte zu den in den Vitrinen ausgestellten Themen. Sie sind nach einer systematischen Ordnung gegliedert und umfassen immer Autobiografisches, Literarisches und Forschungsliteratur über die Familie Mann.

Zusätzlich ist im Zentrum der Ausstellung eine „Hörinsel" platziert worden. Dort kann man in bequemen Sitzbänken die Stimmen der Familienmitglieder hören - mit Tonbeispielen aus den einzelnen Lebens- und Werksituationen und in den unterschiedlichsten Sprachen.

ZWEI BEISPIELVITRINEN:

ELTERN UND GESCHWISTER

Am 4. Juni 1869 heiratet Thomas Johann Heinrich Mann die noch nicht 18-jährige Julia da Silva-Bruhns. Das junge Ehepaar zieht in eine Wohnung in der Breiten Straße 54. Am 27. März 1871 wird Luiz Heinrich geboren. Kurze Zeit später erwirbt Thomas Johann Heinrich Mann ein stattliches Haus in der Breiten Straße 38.

Vier Jahre später, am 6. Juni 1875, wird Paul Thomas geboren. Die Töchter Julia Elisabeth Therese und Carla Augusta Olga Maria folgen in den Jahren 1877 und 1881. Als Thomas Johann Heinrich Mann 1877 zum Senator auf Lebenszeit gewählt wird, bestimmen die hanseatischen Traditionen das Familienleben noch stärker als bisher. 1885 zieht die Familie Mann in das neu erbaute Haus in der Beckergrube 52, wo 1891 als jüngster Sohn der Familie Carl Viktor geboren wird.

HERKUNFT
ELTERN UND GESCHWISTER
Am 4. Juni 1869 heiratet Thomas Johann Heinrich Mann die noch nicht 18jährige Julia da Silva-Bruhns. Das junge Ehepaar zieht in eine Wohnung in der Breiten Straße 54. Am 27. März 1871 wird Luiz Heinrich geboren. Kurze Zeit später erwirbt Thomas Johann Heinrich Mann ein stattliches Haus in der Breiten Straße 38.
Vier Jahre später, am 6. Juni 1875, wird Paul Thomas geboren. Die Töchter Julia Elisabeth Therese und Carla Augusta Olga Maria folgen in den Jahren 1877 und 1881.
Als
mas Johann Heinric
ann 1877 zum Senator auf Lebenszeit gewählt wird, bestimmen die hanseatischen Traditionen das Familienleben noch stärker als bisher. 1883 zieht die Familie Mann in das neu erbaute Haus in der Beckergrube 52, wo 1890 als jüngster Sohn der Familie Carl Viktor geboren wird.
Thomas Mann äußert sich über die Lübecker Jahre: »Meine Kindheit war gehegt und glücklich. Wir fünf Geschwister [...] wuchsen auf in einem eleganten Stadthause, das mein Vater sich und den Seinen erbaut hatte, und erfreuten uns eines zweiten Heims in dem alten Familienhause bei der Marienkirche, das meine Großmutter väterlicherseits allein bewohnte und das
als ›Buddenbrook-Haus‹ einen Gegenstand der
neugier bildet.«
PARENTS AND SIBLINGS
FÖRÄLDRAR OCH SYSKON

EMIGRANTEN

Nachdem die Zustände in Deutschland sich nach der Machtübernahme der Nationalsozialisten im Jahre 1933 weiter zugespitzt haben und die Verfolgung kritischer Geister immer größere Ausmaße angenommen hat, kehrt die Familie Mann Deutschland den Rücken. Im Februar 1933 verlässt Heinrich Mann als einer der ersten Intellektuellen Berlin. Thomas Mann entschließt sich, von einer Vortragsreise nicht nach München zurückzukehren. Der erste Fixpunkt für die Familie Mann im Exil ist der kleine Ort Sanary-sur-Mer an der Côte d'Azur. Dieser Ort entwickelt sich schnell zu einem Treffpunkt emigrierter deutscher Intellektueller. Während Heinrich Mann mit Nelly im französischen Nizza bleibt, siedeln Thomas und Katia Mann Ende 1933 mit den jüngsten Kindern nach Zürich über, wo sie bis 1938 leben. Immer noch in dem Bemühen, eine äußere Ordnung und Regelmäßigkeit zu schaffen, besuchen die jüngeren Kinder hier die Schule. Zunächst scheint es der Familie gelungen zu sein, Normalität in ihr Leben zurückkehren zu lassen. Heinrich und Thomas Mann arbeiten wieder als Schriftsteller.

1938 jedoch wenden Thomas und Katia Mann Europa den Rücken und emigrieren nach Amerika. Heinrich Mann flieht 1940 gemeinsam mit seiner Frau Nelly, seinem Neffen Golo und dem Ehepaar Werfel über die Pyrenäen nach Spanien und von dort über Lissabon in die USA.

LEIDEN AN DEUTSCHLAND
EMIGRANTEN
EMIGRANTS
EMIGRANTER

ERSTE ETAGE

DER VERANSTALTUNGSBEREICH

Das Buddenbrookhaus versteht sich als ein lebendiges Literaturhaus, das den Menschen von heute Werk und Leben der Familie Mann näher bringen möchte. Aber dabei wollen wir nicht stehen bleiben. Auch die Literatur der klassischen Moderne und aktuelle Werke haben hier im Hause ihren Platz. So gibt es im Veranstaltungsbereich Raum für Sonderausstellungen, Lesungen, Vorträge, Theateraufführungen und Tagungen. Im angrenzenden Café-Bereich besteht die Gelegenheit, das Erlebte bei einem Getränk noch einmal Revue passieren zu lassen. Die Räume sind dabei nicht nur für Veranstaltungen des Buddenbrookhauses vorgesehen, sondern stehen ganz bewusst auf Anfrage auch anderen Interessierten offen. Auf diese Weise soll über die vielfältigen Veranstaltungen in diesem Teil des Buddenbrookhauses der Kontakt mit der aktuellen Wirklichkeit immer wieder hergestellt werden.

Veranstaltungsraum / Blick von hinten

Treppenhaus

Die bewusst modern gehaltene Gestaltung ist gewählt worden, damit vielfältige Projekte möglich werden können, ohne dass sie mit einer bestimmten Raumausstattung in Konflikt geraten. An der Decke finden sich Zitate der Familie Mann, die auf die Verantwortung des Schriftstellers für die Gesellschaft hinweisen. Auf diese Weise soll der intellektuelle Rahmen der in diesem Raum geplanten Veranstaltungen umrissen werden. Von Klaus Mann etwa ist zu lesen: „Was bleibt zu tun, was lohnt sich? Ununterbrochene Bemühung des Aufnehmens, des Wählens, Einordnens und Verwertens. Unterwegs sein, diese Welt kennenzulernen. In Bewegung bleiben, auch wenn wir noch nicht genau wissen, wohin es geht."[4] In Analogie zu dieser geistigen Offenheit finden sich auf dieser Etage besonders viele Durchblicke in das Foyer und nach draußen, in Richtung Marienkirche. Die vom Studio Andreas Heller in Hamburg verantwortete Gestaltung erlaubt zudem hier einen Blick durch die gesamte Längsachse des Hauses.

ZWEITE ETAGE

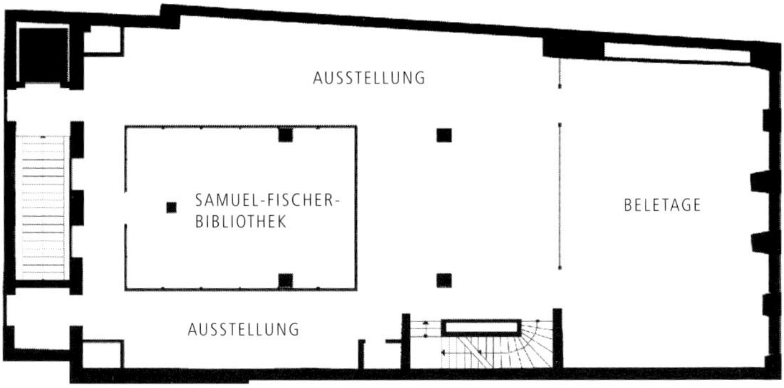

DIE BUDDENBROOKS – EIN JAHRHUNDERTROMAN

ENTSTEHUNG – INNERES UND WIRKUNG DES ROMANS

„Die ‚Buddenbrooks' – ein Jahrhundertroman", so heißt die zweite neue Dauerausstellung im ersten Obergeschoss des Buddenbrookhauses, die man über das hintere Treppenhaus erreicht. Sie befindet sich in der ehemaligen Beletage der Familie Mann, wo auch wesentliche Teile des *Buddenbrooks*-Romans spielen. Erhalten ist davon freilich schon lange nichts mehr. Verschiedenste Nutzungen hatten zu einer vollständigen baulichen Veränderung gegenüber der Situation zwischen 1840 und 1890 geführt, der Zeit, als die romanrelevanten Ereignisse in der Familie Mann hier geschahen. Wir haben dies als Chance gesehen und einen Ausstellungsbereich von ca. 250 qm geschaffen, in den wir die Buddenbrooks-Ausstellung „hineingestellt" haben. Dies alles im Sinne einer mit modernen architektonischen Mitteln (Farbe, Gestaltung, Materialien) arbeitenden Ausstellungsgestaltung.

Es ist nun ein Faktum, dass die meisten bei *Buddenbrooks* immer an den leicht zu lesenden Familienroman denken. Das ist richtig und gut so. Vergessen wird dabei aber immer der Untertitel „Verfall einer Familie". Im Grunde haben wir es mit einer traurigen Geschichte zu tun – die allerdings auf eine sehr humoristische Art und Weise erzählt wird.

Das Ziel war es, beide Lesarten des Romans in der Ausstellung zum Ausdruck zu bringen. Von daher gilt: Es gibt viel zu schauen, damit man in die Welt des Romans gleichsam eintauchen kann. Wie tief man eintaucht, wie viel man genau wissen will, das entscheidet jeder nach seinen eigenen Bedürfnissen. Wie sehen die verschiedenen Informationsebenen aus? Auf der ersten Ebene finden sich – analog zur Ausstellung im Erdgeschoss – auf großen, an die Wand gelehnten Glasscheiben Basisinformationen über *Buddenbrooks*. Informiert wird über die Entstehung, den Nobelpreis, wichtige Romanfiguren und Interpretationslinien, schließlich werden die Dramatisierung und die drei Verfilmungen thematisiert. Der Bogen wird in einem Rundgang von der Entstehung bis hin zur Wirkung geschlagen. Auch hier ist wieder eine einheitliche Struktur gewählt worden. Unter einem großformatigen Bildmotiv findet sich eine kurze Einführung in das Thema, die darunter in Englisch und Schwedisch zu finden ist. Hier findet man einen ersten Zugang zum nobelpreisgekrönten Erstling Thomas Manns.

Wer mehr wissen will, dem stehen verschiedene Wege offen. So finden sich kleine Bibliotheken in der Nähe, die Bücher enthalten, die Thomas Mann für den Roman benutzt hat, oder die zeitgleich mit *Buddenbrooks* entstanden sind.

Weiterhin ist es möglich, Schubladen zu öffnen, in denen sich Dokumente befinden, die das auf den Tafeln Gelesene vertiefen. Schließlich liegen Bücher aus, die es ermöglichen nachzuvollziehen, welche Quellen

Thomas Mann wie in den Roman hineinkomponiert hat. Auch ein Karteikasten ist vorhanden, der eine Personaldatei aller in *Buddenbrooks* vorkommenden Figuren enthält.

Bibliothek der Lektüren und Dokumenten-Schubladen

Diese traditionellen Medien werden durch den Computer ergänzt. So steht eine Textdatenbank zur Verfügung, die weiterführende Informationen über den Roman enthält.

Wer mehr über die Orte in Lübeck wissen möchte, an denen der Roman spielt, kann dies auf einem anderen Computer erfahren.

Am Ende des Rundganges befindet sich ein kleines Filmkabinett. Über den Computer können hier drei Szenen aus den Verfilmungen von 1923, 1959 und 1979 vergleichend betrachtet werden.

Dahinter steht überall der Verfall. Er ist buchstäblich an der Wand zu finden. Wir haben von einem Schriftenmaler den Text des berühmten Typhus-Kapitels von innen auf die Außenwand des Hauses schreiben lassen. Es handelt sich dabei um jene drei Seiten des Romans, die von der Erkrankung des kleinen Hanno Buddenbrook berichten, die aber gleichzeitig mehr sind, nämlich eine Zusammenfassung der Verfallsgeschichte – eine Art Roman en miniature. Die wohlanständige Bürgerlichkeit findet vor dem Hintergrund des sich immer weiter steigernden Verfalls statt.

Kerzenleuchter vor dem „Typhus"-Kapitel

Die Samuel-Fischer-Bibliothek

Die Bibliothek von innen

DIE SAMUEL-FISCHER-BIBLIOTHEK

Eine Besonderheit stellt das Zentrum der Buddenbrooks-Ausstellung dar, das in seiner klaren Formensprache wohl jedem sofort ins Auge sticht. Aus dem brasilianischen Schieferboden wächst gleichsam ein Kubus aus deutscher Eiche hervor. Der Gegensatz ist nicht zufällig. Thomas Mann war sicher einer der repräsentativen deutschen Schriftsteller der ersten Hälfte des 20. Jahrhunderts – ebenso wie sein Bruder Heinrich. Die Wurzeln der Familie lagen freilich in Brasilien, wo die Mutter geboren wurde, ehe sie mit sechs Jahren nach Lübeck kam. Der Eichenkubus beherbergt die Samuel-Fischer-Bibliothek. Der Name weist hin auf den „Entdecker" Thomas Manns, den Besitzer des S. Fischer Verlages, der 1901 die *Buddenbrooks* trotz Bedenken in seinem Hause verlegte. Damit begann eine lebenslange Verbundenheit Thomas Manns mit dem S. Fischer

Aus den Sammlungen

Verlag, in dem auch heute noch alle Werke Thomas und Heinrich Manns erscheinen. Die Bibliothek beherbergt eine umfangreiche Sammlung zur Familie Mann. Auch hier sind Tradition und Moderne aufeinander bezogen. Es gibt vier Computerarbeitsplätze, die mit Internet-Anschlüssen die Verbindung der Arbeitsbibliothek mit den anderen Mann-Archiven herstellen.

Wer will, kann durch einen kleinen Sehschlitz in die Bibliothek hineinschauen. Dabei geraten dann auch die wertvollen Sammlungsgegenstände in den Blick, die hier nicht im Verborgenen gelagert werden, sondern anschaubar sind. Die Bibliothek steht jedem Interessierten nach Anmeldung für Recherchen zur Verfügung.

Durchblick vom „Götterzimmer" in das „Landschaftszimmer"

Taufschale und Familienbibel der Manns

NUR WER LIEST, DER SIEHT!

Bleibt als Letztes, und für viele Besucher als Wichtigstes, die Tatsache, dass die Ausstellung an dem authentischen Ort gezeigt wird, dem der Roman Wesentliches verdankt.
Denn hier, auf dieser Etage, wo sich die herrschaftlichen Räume der Familie Mann befanden, lässt Thomas Mann entscheidende Ereignisse des *Buddenbrooks*-Romans spielen.

Dabei muss man die Kategorien sorgfältig auseinander halten. Wie sich aus dem Familiären das Literarische, aus der Wirklichkeit der Roman, aus dem Erlebten das Gestaltete entwickelt hat, wie mit einem Wort *Buddenbrooks*, der Roman des 25-Jährigen, auf der Basis der Familiengeschichte möglich war, das hat mit nahezu intuitivem Blick der Bruder Heinrich Mann beschrieben. In seinem großen Epochenrückblick *Ein Zeitalter wird besichtigt* schreibt er: „In unserem kühlen, steinernen Saal, auf halber Höhe einer Treppengasse, begann der Anfänger, mit sich selbst unbekannt, eine Arbeit – bald sollten viele sie kennen, Jahrzehnte später gehörte sie der ganzen Welt. (...) Wenn ich mir die Ehre beimessen darf, habe ich an dem berühmten Buch meinen Anteil gehabt; einfach als Sohn desselben Hauses, der auch etwas beitragen konnte zu dem gegebenen Stoff. Hätte aber hinter uns ein abgeschiedener Herr gestanden im gestickten Kleid, mit gepudertem Haar, er hätte mehr als ich zu sagen gehabt. Der junge Verfasser hörte hin: die Einzelheiten der Lebensläufe zu wissen war unerläßlich. Jede forderte, inszeniert zu werden. Das Wesentliche, ihr Zusammenklang, die Richtung, wohin die Gesamtheit der Personen sich bewegte – die Idee selbst gehörte dem Autor allein.

Nur er begriff damals den Verfall; erfuhr gerade durch seinen eigenen, fruchtbaren Aufstieg, wie es geht, daß man absteigt, aus einer zahlreichen Familie eine kleine wird und den Verlust eines letzten tüchtigen Mannes nie mehr verwindet. Der zarte Junge, der übrig ist, stirbt, und gesagt ist alles für die ganze Ewigkeit."[5]

Ganz in diesem Sinne trennen wir streng zwischen zwei Welten: der Mengstraße 4, also dem Ort, wo die Familie Mann wohnte, wo Thomas Mann als Kind bei der Großmutter die „Lebensläufe" seiner Familie erleben konnte, und den Romanräumen, die ein Werk der Phantasie Thomas Manns sind, in denen die „Idee" des Autors sich darstellen soll.

Das Originale, das, was von den Urbildern überliefert ist, befindet sich daher in einer Installation und großen Vitrine vor den Romanräumen. Die Wirklichkeit der Familie Mann wird durch eine Auswahl der überlieferten Bestände ausgestellt.

Neben zwei Leuchten und Stühlen zeigen wir auch die beiden einzig erhaltenen Aufnahmen dieser Räume in der Mengstraße 4 in der Vitrine. Sie stammen aus dem

Vitrine und Leuchter vor den Romanräumen

Jahre 1891 und stellen natürlich eine zufällige Momentaufnahme dar. Thomas Mann, der bis 1894 in Lübeck lebte, mag sie aber so gesehen haben. Schaut man sich diese Aufnahmen an, dann wird jedem Leser von *Buddenbrooks* eine Distanz deutlich. Wer an die Raumbeschreibungen des Romans denkt, der wird über das Düstere, Enge und so wenig Großartige stolpern. Aber damit wäre eine zentrale Differenz eingeebnet: nämlich die zwischen Wirklichkeit und Roman.

Wie ist die Romanwelt dargestellt worden?

Von der bisher beschriebenen Ausstellung durch eine Glaswand abgetrennt befindet sich eine „Inszenierung am authentischen Ort". Nicht das Wohnen in der Mengstraße 4, also die kulturhistorisch orientierte Rekonstruktion, war das Ziel, sondern die Materialisierung eines Kunstwerkes, oder, wie eine Zeitung anlässlich der Eröffnung der Ausstellung schrieb, der „begehbare Roman".

Damit stellt die Literatur die Regieanweisung für die Herstellung der Räume her. So findet man zum einen das „Landschaftszimmer", das in *Buddenbrooks* folgendermaßen beschrieben wird:

„Man saß im ‚Landschaftszimmer', im ersten Stockwerk des weitläufigen alten Hauses in der Mengstraße, das die Firma Johann Buddenbrook vor einiger Zeit käuflich erworben hatte und das die Familie noch nicht lange bewohnte. Die starken und elastischen Tapeten, die von den Mauern durch einen leeren Raum getrennt waren, zeigten umfangreiche Landschaften, zartfarbig wie der dünne Teppich, der den Fußboden bedeckte, Idylle im Geschmack des 18. Jahrhunderts, mit fröhlichen Winzern, emsigen Ackersleuten, nett bebänderten Schäferinnen, die reinliche Lämmer am Rande spiegelnden Wassers im Schoße hielten oder sich mit zärtlichen Schäfern küßten …

Das „Landschaftszimmer“

Sekretär im „Landschaftszimmer"

Ein gelblicher Sonnenuntergang herrschte meistens auf diesen Bildern, mit dem der gelbe Überzug der weiß lackierten Möbel und die gelbseidenen Gardinen vor den beiden Fenstern übereinstimmten. Im Verhältnis zu der Größe des Zimmers waren die Möbel nicht zahlreich. Der runde Tisch mit den dünnen, geraden und leicht mit Gold ornamentierten Beinen stand nicht vor dem Sofa, sondern an der entgegengesetzten Wand, dem kleinen Harmonium gegenüber, auf dessen Deckel ein Flötenbehälter lag. Außer den regelmäßig an den Wänden verteilten, steifen Armstühlen gab es nur noch einen kleinen Nähtisch am Fenster, und, dem Sofa gegenüber, einen zerbrechlichen Luxus-Sekretär, bedeckt mit Nippes."[6]

Und als zweites Romanzimmer findet sich der Speisesaal, das so genannte „Götterzimmer" genau beschrieben: „Aus dem himmelblauen Hintergrund der Tapeten traten zwischen schlanken Säulen weiße Götterbilder fast plastisch hervor. Die schweren roten Fenstervorhänge waren geschlossen, und in jedem Winkel des Zimmers brannten auf einem hohen, vergoldeten Kandelaber acht Kerzen, abgesehen von denen, die in silbernen Armleuchtern auf der Tafel standen. Über dem massigen Büffet, dem Landschaftszimmer gegenüber, hing ein umfangreiches Gemälde, ein italienischer Golf, dessen blaudunstiger Ton in dieser Beleuchtung außerordentlich wirksam war. Mächtige, steiflehnige Sofas in rotem Damast standen an den Wänden …

Das „Götterzimmer"

Detail / Wanddekoration

Kronleuchter

Die Kerzen brannten langsam, langsam hinunter und ließen dann und wann, wenn ihre Flammen im Luftzuge zur Seite flackerten, einen feinen Wachsgeruch über die Tafel hinwehen.
Man saß auf hochlehnigen, schweren Stühlen, speiste mit schwerem Silbergerät schwere, gute Sachen, trank schwere, gute Weine dazu und sagte seine Meinung. Man war bald bei den Geschäften und verfiel unwillkürlich mehr und mehr dabei in den Dialekt, in diese behaglich schwerfällige Ausdrucksweise, die kaufmännische Kürze sowohl wie wohlhabende Nachlässigkeit an sich zu haben schien und die hie und da mit gutmütiger Selbstironie übertrieben wurde. Man sagte nicht: ‚an der Börse', man sagte ganz einfach: ‚an Börse'... wobei man zum Überfluß das r wie ein kurzes aussprach und ein wohlgefälliges Gesicht dazu machte."[7]

Wir haben versucht, die Gunst des Ortes zu nutzen, einen Roman an den Ort seiner Handlung gleichsam zurückkehren zu lassen, und haben uns dabei an den beiden Raumbeschreibungen Thomas Manns orientiert. Das kann jeder Besucher heute beim Durchschreiten der beiden Romanräume nachvollziehen. Das Nachstellen zweier Räume im Geiste der *Buddenbrooks* alleine stellte freilich nur einen ersten Schritt dar. Es musste ein zweiter folgen. Er besteht in der Literarisierung der Räumlichkeiten. Der begehbare Roman steht daher unter dem Motto: „Nur wer liest, der sieht!"

Die Literarisierung ist direkt aus dem Roman heraus entwickelt worden. Sie geht von der Tatsache aus, dass es naiv gewesen wäre, jemandem vorzugaukeln, man könne unmittelbar in einen Roman hineinspazieren. Natürlich galt es die historische Distanz zu beachten. *Buddenbrooks* sind 1901 erschienen, die dort gestaltete Bürgerwelt ist unwiederbringlich dahin. Darauf haben wir jedoch nicht im elegisch-verklärenden Sinne reagiert, sondern auf den Untertitel des Werkes reflektierend. „Verfall einer Familie" heißt es dort. Und wenn man sich die Handlung des Romans vor Augen hält, dann geht es mit den Buddenbrooks ja ständig abwärts. „Abwärts" - so lautete dann auch der erste Titelentwurf Thomas Manns.

Dieser Niedergang der Familie hängt eng mit der Hausgeschichte zusammen. Am Beginn steht das große Festessen im „Götterzimmer" anlässlich des Neubezuges. Am Ende steht der Auszug. Der Konkurrent Hagenström hat die Buddenbrooks überflügelt und kauft das Haus. Mit den Worten des Romans: „Zu Beginn des Jahres 72 ward der Hausstand der verstorbenen Konsulin aufgelöst. Die Dienstmädchen zogen davon, und Frau Permaneder lobte Gott, als auch Mamsell Severin, die ihr bislang im Wirtschaftswesen aufs Unerträglichste die Autorität streitig gemacht hatte, sich mit den übernommenen Seidenkleidern und Wäschestücken verabschiedete. Dann standen Möbelwagen in der Mengstraße, und die Räumung des alten Hauses begann."

An diesen Gedanken des Endes haben wir bei unserer Inszenierung angeknüpft und ihn fortgesponnen. Thomas Buddenbrook träumt in der Nacht vor dem Auszug all die Romanereignisse, die sich in den beiden Räumen zugetragen haben. Dies macht Sinn, weil viele entscheidende Wendepunkte der Handlung hier spielen. Daher gilt: Der Besucher findet einen Raum vor, der von den Romangestalten schon verlassen worden ist und den er in einem aktiven Akt der Phantasie mit Leben erfüllen muss. Es ist die letzte Nacht im Hause der Buddenbrooks.

„Der Mann auf dem Sofa, den es nicht gibt."

Szene aus dem „Landschaftszimmer“

Die Möbel sind schon verhüllt, für den Abtransport vorbereitet und mit Zetteln versehen, die ihren neuen Bestimmungsort kennzeichnen. Die auf ihnen aufgedruckten Zahlen beziehen sich auf bestimmte Seiten im *Buddenbrooks*-Roman. Sie stellen eine Verbindung her zwischen bestimmten Möbelstücken und Requisiten auf der einen und dem Roman auf der anderen Seite. Nur wer sich auf dieses Spiel einlässt, erfährt die poetische Dimension der Räumlichkeiten. Deshalb sind am Eingang zu den beiden Räumen zwei Bücherregale platziert, in denen sich *Buddenbrooks*-Ausgaben befinden. Das Buch ist also der Schlüssel zu den Räumen. Die Lektüre vor den Möbelstücken und Requisiten setzt die Phantasie des Besuchers in Gang: Wer so liest, der sieht dann bestimmte Romanszenen vor seinem geistigen Auge.

Die Szenen im Einzelnen:

Im „Landschaftszimmer“:

Der alte Johann verhört Tony
Jean klärt Bethsy über das Firmenvermögen auf
Thomas streitet mit Bethsy um Claras Erbe
Hermann Hagenström kauft das Haus
Bendix Grünlich wirbt um Tony
Die Lübecker Revolution 1848
Herr Alois Permaneder aus München
Johann Buddenbrook spielt eine sinnige Melodie
Gerda und ihr Vater geigen pompöse Duos

Der Organist Pfühl und Richard Wagner

Im „Götterzimmer“:

J.J. Hoffstede trägt sein Gedicht vor
Familienandachten und der „Jerusalemsabend“
Hanno und Christian spielen Theater
Der alte Johann liest Gottholds Brief
Organist Pfühl und Richard Wagner
Der Mann auf dem Sofa, den es nicht gibt

Die Verhüllung der Möbel hat aber noch einen anderen Sinn. Sie soll dem Betrachter die Möglichkeit geben, sich der materialisierten Literatur zu nähern, ohne dass ihm die konkrete Raumsituation ein zu starres Betrachtungskorsett anlegt. Eben weil man nicht alles sieht, muss man sich einiges vorstellen, soll man die Phantasie zur Hilfe nehmen.
Das, was wir zeigen, soll damit als das ausgewiesen werden, was es ist: unsere spezifische Interpretation des Romans am authentischen Ort. Jeder soll aber mit seinen Bildern, die er aus der Lektüre an den Ort des Geschehens mitbringt, ebenfalls die Räume begehen können, ohne dass ihm zu eindeutig vorgegeben wird, wie er den Roman zu sehen hat. Wir wollen mithin eine gewisse Offenheit der Situation schaffen, auch der Leserphantasie zu ihrem Recht verhelfen.

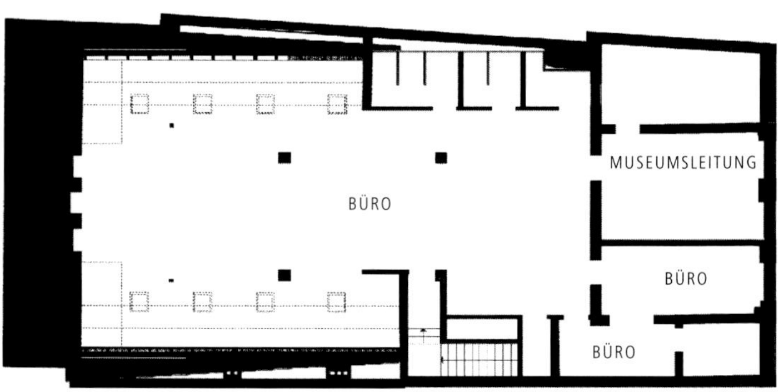
MUSEUMSLEITUNG
BÜRO
BÜRO
BÜRO

DIE BÜROETAGE

Hinter den Ausstellungen und Veranstaltungsprogrammen stehen Menschen, die all dies vorbereiten müssen. Zudem ist ohne eine fundierte wissenschaftliche Arbeit, die das ständig wachsende Wissen um die Familie Mann beobachtet, kein niveauvolles Programm zu entwickeln. Dies geschieht oben unter dem Dach, wo die Mitarbeiter des Buddenbrookhauses neue Ausstellungen planen, Veranstaltungen vorbereiten und jedem auf Wunsch Auskunft geben. Dazu bitten wir allerdings um telefonische Anmeldung. Ansonsten wird jedem jederzeit bei allen Fragen rund um die Familie Mann geholfen.

Ein Blick in die Büroetage

Das Treppenhaus

Info-Terminal im Keller

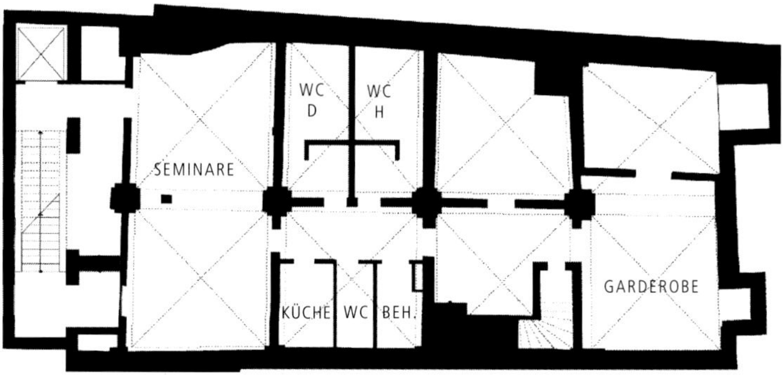

SEMINARE
WC
D
WC
H
KÜCHE
WC
BEH.
GARDEROBE

DER HISTORISCHE GEWÖLBEKELLER

Über die rückwärtige Treppe oder den Aufzug gelangt man von der *Buddenbrooks*-Ausstellung in den Historischen Gewölbekeller. Hier unten befindet sich der unzerstörte Grund des Buddenbrookhauses. Das Gewölbe blieb beim Bombenangriff im Jahre 1942 unversehrt und stammt von daher noch aus den Zeiten der Familie Mann. Hier hatten die Manns wohl ihren Wein und die Getränke gelagert, wie eine Szene aus dem *Buddenbrooks*-Roman erahnen lässt: „‚Thomas, mein Sohn, sei mal so gut', sprach Johann Buddenbrook und zog sein großes Schlüsselbund aus der Beinkleidtasche. ‚Im zweiten Keller rechts, das zweite Fach, hinter dem roten Bordeaux, zwei Bouteillen, du?' Und Thomas, der sich auf solche Aufträge verstand, lief fort und kam wieder mit den ganz verstaubten und umsponnenen Flaschen."[8] Heute finden im Gewölbekeller kleinere Veranstaltungen statt, die sich durch ein ganz besonderes Ambiente auszeichnen, weil sie noch etwas von der originalen Gestalt des Hauses erahnen lassen. Im noch erhaltenen Tresor der Volksbank lagern die wertvollsten Bestände des Hauses.

Im Keller

Das Haus um 1870, das älteste Foto

ZUR GESCHICHTE DES BUDDENBROOKHAUSES

Das Haus in der Mengstraße 4 blickt mit der Fassade direkt auf die Kirche St. Marien und zeichnet sich durch seine Lage am nördlichen Marktrand als Haus der städtischen Führungsgruppe aus. Hier wohnten schon immer die reichen Kaufleute. Die erste Eintragung eines Besitzers für das Grundstück der Mengstraße 4 findet sich in den Lübecker Oberstadtbüchern im Jahr 1289. Bis zum Jahr 1537 sind ein gutes Dutzend weiterer Eigentümer verzeichnet, in der Regel Fernhändler, ausnahmslos Ratsherren, Bürgermeister oder Ratsverwandte. Dann kaufte Hermann von Dorne das Haus. In der von Dorne'schen Familie – sie stellte in jeder Generation einen Ratsherren – blieb das Haus rund 170 Jahre bis 1706.

1758 kaufte Johann Michael Croll (1706–1777) das Anwesen Mengstraße 4 und ließ dort neu bauen. Von der Fertigstellung dieses Hauses zeugt auch heute – zusammen mit der Inschrift „Dominus providebit" (Der Herr wird vorsorgen) – das noch sichtbare Datum „1758" über dem Portal.

Das Croll'sche Haus erstreckte sich auf einem 12 Meter breiten Streifen von der Mengstraße ca. 50 Meter tief in den Baublock hinein. Auf dem Grundstück befanden sich das ungefähr 29 Meter tiefe Hauptgebäude, der östlich angebaute Seitenflügel, ein Gartenhaus (Portal) und ein Speicher. Es gab auch einen Durchgang zur Beckergrube. Die weiße Fassade ist unterhalb des Giebels mit zwei Figuren geschmückt, auf der linken Seite wird „Zeit" und auf der rechten „Wohlstand" symbolisiert. Das Vorderhaus beherbergte den Geschäftsbetrieb und diente zur vorübergehenden Lagerung der Waren. Auf

Das Buddenbrookhaus um 1900

Das Buddenbrookhaus nach 1957

der Diele im Erdgeschoss befanden sich die Küche, die in der Nähe des Zugangs zum Gewölbekeller unter dem Vorderhaus lag. Das Dienstpersonal war meist in kleinen Räumen über der Küche (den Hangekammern) oder unter der Treppe untergebracht, die von der Diele in die Obergeschosse führte. Diese Haupttreppe führt in das erste Stockwerk des Hauses – in das Wohngeschoss.

Das darüber liegende flache Dachgeschoss des Haupthauses war vermutlich von Anbeginn nicht mehr als Speicherraum vorgesehen.

An das Haus schloss sich ein Seitenflügel an, dessen Breite weniger als die Hälfte des Hauses betrug. Er gilt als der eigentliche Wohntrakt, wohingegen die Zimmer in der ersten Etage des Haupthauses repräsentative Zwecke erfüllten. Diese Beletage war auch nach außen in der Fassadengestaltung des 18. Jahrhunderts betont, einmal durch die besonders hohen Fenster und zum anderen durch die fünfachsige Fenstergliederung. Hier befindet sich heute die neue *Buddenbrook*-Ausstellung.

Den Raum zwischen Seitenflügel und nachbarlicher Hausmauer nahm der Hof ein. Direkt dahinter lag der Garten, der durch das Gartenhaus (oder Portal), das sich über die gesamte Grundstücksbreite erstreckte, abgeschlossen wurde. Hinter dem Gartenhaus lag ein zweiter Hof, begrenzt durch ein abschließendes Quergebäude, das als Speicher genutzt wurde.

Johann Wilhelm Croll (1753 – 1807) übernahm 1777 das Geschäft des Vaters. Mit seiner Frau und sieben Kindern bewohnte er nun das väterliche Haus. Sein einziger überlebender Sohn Johannes (1798 – 1847) war beim Tod des Vaters noch ein Kind, führte aber nach seiner Ausbildung zum Kaufmann das Geschäft weiter. Er ließ das Haus in den Jahren von 1822 bis 1824 durch den renommierten dänischen Architekten Joseph Christian

Das „Landschaftszimmer" im Jahre 1890

Lillie (1760 - 1827) renovieren. Lillie, ein Vertreter des Kopenhagener Klassizismus, ist ab 1800 mit zahlreichen Neubauten, Aus- und Umgestaltungen von Häusern der ersten Kreise Lübecker Bürger betraut.

1842 verkaufte Johann Wilhelm Croll das Haus an Johann Siegmund Mann jun. (1797 - 1863), den Großvater von Thomas und Heinrich Mann.

Thomas Johann Heinrich Mann (1840 - 1891) übernahm das Handelsgeschäft seines Vaters Johann Siegmund Mann jun. am 1. Januar 1863. Er leitete die Firma Johann Siegmund Mann in dritter Generation und beließ den Sitz der Firma zunächst in der Mengstraße, verlegte ihn aber 1882 in die Beckergrube 52, in sein neu erbautes Wohnhaus. Die Mengstraße blieb das Wohnhaus seiner Eltern, der Großeltern Thomas und Heinrich Manns. Thomas Mann erinnert sich später daran, wenn er schreibt: „Meine Kindheit war gehegt und glücklich. Wir fünf Geschwister, drei Knaben und zwei Schwestern,

Das „Götterzimmer" / Der Esssaal

wuchsen auf in einem eleganten Stadthause, das mein Vater sich und den Seinen erbaut hatte, und erfreuten uns eines zweiten Heims in dem alten Familienhause bei der Marienkirche, das meine Großmutter väterlicherseits allein bewohnte und das heute als ‚Buddenbrook-Haus' einen Gegenstand der Fremdenneugier bildet."[9]

Nach dem Verkauf aus dem Besitz der Manns 1891 ging das Haus an verschiedenste Eigentümer, bis es im Jahre 1894 in den Besitz des Lübecker Staates kam. Eine Phase der Umbauten am Haus begann: 1895 wurden die Hintergebäude abgerissen (Speicher und Gartenhaus), um Platz für den Bau einer städtischen Markthalle zu schaffen. 1896 nahm man im ersten Stock alte Tapeten ab, 1898 zog eine Volkslesehalle in das Hauptgebäude. Dies schildert Thomas Mann in seiner 1903 erschienenen Novelle *Tonio Kröger*, als der Held sein Elternhaus und die Bibliothek besucht. 1904 wurde für die Lübeckische Staatslotterie eine Wand eingerissen, um einen Ziehungssaal zu schaffen. In den zwanziger Jahren, als Thomas Mann Bekanntheit erlangt hatte, wurde erstmals mit der Buddenbrook-Buchhandlung, die von 1922 - 29 in dem Haus untergebracht war, eine Verbindung zum Werk Thomas Manns hergestellt. Es fand jedoch eine völlige Umgestaltung des Interieurs statt: Die Architekten Schöß und Retelsdorff ließen die letzten Reste der noch vorhandenen Originaleinrichtungen einreißen, um links und rechts der Eingangstür comptoirähnliche Einbauten zu errichten.

Der Eingang von 1909 bis 1918

Die Buddenbrook-Buchhandlung, 1922 bis 1929

Thomas und Katia Mann vor dem zerstörten Buddenbrookhaus

Während des Brandbombenangriffes der britischen Luftwaffe in der Nacht des Palmsonntag 1942 wurde auch das Haus in der Mengstraße 4 ein Opfer des Infernos, das zwei Fünftel der historischen Altstadt und drei der großen Lübecker Stadtkirchen zerstörte. Vom Buddenbrookhaus blieb nur noch die Fassade mit blinden Fensterhöhlen und der barocke Gewölbekeller. 1957/58 veranlasste eine Genossenschaftsbank, das Haus wieder aufzubauen. Die Fassade kann, da sie nicht allzu schwer beschädigt ist, durch den Steinrestaurator Ludwig Schirrmeister originalgetreu wiederhergestellt werden. Beim Wiederaufbau wurden die Keller respektiert.

Der Neubau war gut fünf Meter kürzer als der 1758 abgerissene mittelalterliche Baukubus. Die Seitenflügel wurden nicht wieder errichtet, die Brandmauer zum Haus Mengstraße 2 abgerissen und die westliche Mauer bis zur Mitte des ersten Obergeschosses abgetragen. Die Dielenhöhe blieb erhalten, das erste Obergeschoss wurde jedoch um 45 Zentimeter abgesenkt. Auf die Raumaufteilung nach dem historischen Vorbild wurde bei der Innengestaltung keine Rücksicht mehr genommen. 1991 entschloss sich die Hansestadt Lübeck mit Unterstützung durch die Bundes- und Landesregierung, die Lübecker Bürgerschaft und vielen privaten Spendern, das Buddenbrookhaus zu kaufen und zu einem Heinrich- und Thomas-Mann-Zentrum auszubauen, einer Forschungs- und Gedenkstätte für die Familie Mann.

Am 6. Mai 1993, im Jahr des 850. Stadtjubiläums der Hansestadt Lübeck, wurde schließlich mit einem feierlichen Festakt in Anwesenheit des damaligen Bundespräsidenten Dr. Richard von Weizsäcker das Heinrich- und Thomas-Mann-Zentrum in der Mengstraße 4

Die Polenquadrille, Ballfest im Haus Mengstraße 4, um 1865
1. Reihe ganz rechts: Thomas Johann Heinrich Mann
2. Reihe, dritter von links: Friedrich Wilhelm Leberecht Mann
Letzte Reihe, zweite von rechts: Olga Mann

eingeweiht - 90 Jahre nach dem Erscheinen des Romans *Buddenbrooks,* der dem Haus den Namen gegeben hat. Das Haus beherbergte in der Zeit bis Ende 1999 neben einer Dauerausstellung Sammlungen, eine Spezialbibliothek und ein Archiv. Es wurde zu einem modernen Zentrum, in dem Ausstellungen, Lesungen, Tagungen und Workshops stattfanden, die sich nicht nur mit Heinrich und Thomas, sondern mit der ganzen Familie Mann beschäftigten.

Seit Juni 2000 hat das Haus zwei neue Dauerausstellungen: „Die Manns - eine Schriftstellerfamilie" und „Die ‚Buddenbrooks' - ein Jahrhundertroman".

Das Buddenbrookhaus als Gedenkstätte veranstaltet Sonderausstellungen, Kolloquien, Lehrerfortbildungen, Tagungen der Mann-Gesellschaften, Lesungen, Vorträge, Führungen und andere literarische Projekte. Im Bereich der Forschung liegen die Schwerpunkte auf den *Buddenbrooks* und der Familie Mann.

BILDNACHWEISE

Das Titelfoto sowie die Fotos von Seite 1 bis 63 sind von Thomas Radbruch eigens für das vorliegende Buch gemacht worden.
Die Fotos von Seite 64 bis 78 stammen aus dem Archiv des Heinrich- und Thomas-Mann-Zentrums.

Die Grundrisse auf Seite 14, 24, 28, 58 und 62 wurden vom Büro Andreas Heller erstellt.

ZITATNACHWEISE

1 Thomas Mann, Ein Nachwort (1905), in: *Reden und Aufsätze*, Bd. 3, Fischer, Gesammelte Werke, Frankfurt a. M. 1990, S. 548-549
2 Thomas Mann, *Buddenbrooks*, Frankfurt a. M. 1990, S. 44
3 Thomas Mann, Deutsche Hörer (1942), in: *Reden und Aufsätze*, Bd. 3, Frankfurt a. M. 1990, S. 1035
4 Klaus Mann, Woher wir kommen und wohin wir müssen, in: *Die neuen Eltern*, Aufsätze, Reden, Kritiken 1924-1933, Reinbek 1992, S. 326-327
5 Heinrich Mann, *Ein Zeitalter wird besichtigt*, Fischer, Frankfurt a. M. 1988, S. 238-239
6 Thomas Mann, *Buddenbrooks*, S. 12
7 Thomas Mann, *Buddenbrooks*, S. 22 und S. 31
8 Thomas Mann, *Buddenbrooks*, S. 33
9 Thomas Mann, Lebensabriß (1930), in: *Reden und Aufsätze*, Bd. 3, S. 98

Die Grundlagen zu dem Text „Zur Geschichte des Buddenbrookhauses" bilden Forschungen von Björn R. Kommer. Neue Recherchen für die Ausstellungen des Buddenbrookhauses basieren auf der Arbeit Manfred Eickhölters. Den Text entwarfen Anorthe Kremers und Britta Dittmann.